BEI GRIN MACHT SICH IHR WISSEN BEZAHLT

AF151827

- Wir veröffentlichen Ihre Hausarbeit,
  Bachelor- und Masterarbeit

- Ihr eigenes eBook und Buch -
  weltweit in allen wichtigen Shops

- Verdienen Sie an jedem Verkauf

Jetzt bei www.GRIN.com hochladen
und kostenlos publizieren

Andrea Fiedler-Boldt

Das Junkertum im ostelbischen Preußen

Die Junker und die Preußischen Reformen

GRIN Verlag

Bibliografische Information der Deutschen Nationalbibliothek:

Die Deutsche Bibliothek verzeichnet diese Publikation in der Deutschen National-
bibliografie; detaillierte bibliografische Daten sind im Internet über http://dnb.d-
nb.de/ abrufbar.

Impressum:

Copyright © 2005 GRIN Verlag GmbH
Druck und Bindung: Books on Demand GmbH, Norderstedt Germany
ISBN: 978-3-640-28599-0

Dieses Buch bei GRIN:

http://www.grin.com/de/e-book/123412/das-junkertum-im-ostelbischen-preussen

GRIN - Your knowledge has value

Der GRIN Verlag publiziert seit 1998 wissenschaftliche Arbeiten von Studenten, Hochschullehrern und anderen Akademikern als eBook und gedrucktes Buch. Die Verlagswebsite www.grin.com ist die ideale Plattform zur Veröffentlichung von Hausarbeiten, Abschlussarbeiten, wissenschaftlichen Aufsätzen, Dissertationen und Fachbüchern.

Besuchen Sie uns im Internet:

http://www.grin.com/

http://www.facebook.com/grincom

http://www.twitter.com/grin_com

Ruhr-Universität Bochum
Historisches Institut
IPS „Adel" (Arbeitseinheit Neuzeit)
Wintersemester 2004/05

Das Junkertum im ostelbischen Preußen

Die Junker und die Preußischen Reformen

Andrea Fiedler
Geschichte
Politik, Wirtschaft und Gesellschaft

Inhaltsverzeichnis

I. Einleitung und Fragestellung

Welche Bedeutung hatten die Junker am Anfang des 19. Jahrhunderts für den Preußischen Staat? Die Geschichte der ostelbischen Junker beginnt bereits im 13. Jahrhundert. Im Zuge der Eroberung des deutschen Ostens waren deutsche Adlige in die slawischen Gebiete gekommen und dort von ihren Fürsten mit Land belehnt worden. Aus ihnen entwickelte sich eine dominierende Oberschicht, die die Geschicke des preußischen Staates leiten sollte. Der Staat, die Landesherren und Regierungen, unternahmen zahlreiche Versuche, die Macht des Adels einzudämmen. Ich möchte mich mit der Frage auseinandersetzen, inwiefern die Preußischen Reformen, das Edikt des Freiherrn vom Stein und das seines Nachfolgers, des Fürsten von Hardenberg, die wirtschaftliche Situation und vor allem den politischen Einfluss des preußischen Junkertums auf Staat und Gesellschaft zu Beginn des 19. Jahrhunderts verändert haben. Dazu möchte ich zunächst auf die Wurzeln des Junkertums eingehen und mich kurz mit seiner wirtschaftlichen und politischen Entwicklung und seiner Basis am Ende des 18. Jahrhunderts beschäftigen.

II. Die Entstehung des preußischen Junkertums

Der Begriff „Junker" ist bereits seit dem Mittelalter bekannt. Damals war „Jungher" die Bezeichnung für Söhne aus adligem Hause. Im Späten Mittelalter setzte sich der Begriff zunächst als Bezeichnung für den niederen Adel durch, seit der Frühen Neuzeit besonders für den preußischen Landadel.[1]

Die Geschichte des preußischen Junkertums beginnt mit der Eroberung und Kolonisation des deutschen Ostens im 13. Jahrhundert. Der slawische Raum wurde von deutschen Fürsten erobert, die die Adligen, meist Ministerialen, Dienstmannen und Mitglieder des deutschen Hochadels, mit Land belehnten. Der einheimische Adel vermischte sich schnell mit den deutschen Einwanderern, und vor allem in Mecklenburg, Pommern und Schlesien hielten damit deutsche Sitten und lehnsrechtliche Beziehungen Einzug.[2]

Die adligen Grundherren hatten meist kleinere Güter erhalten, die sie jedoch vergrößern konnten, indem sie Güter von slawischen Grundherren übernahmen oder Güter erwarben. Zunächst lebten sie von den Abgaben der Bauern, deren Grundherren sie waren. Später entwickelten sich zunehmend kleinere Eigenwirtschaften. Gestützt auf zahlreiche Privilegien, wie zum Beispiel Steuerfreiheit und das Recht, zollfrei Waren ein- und auszuführen, und geschickten Handel verbesserten die Junker schon früh ihre wirtschaftliche Lage.[3] Ihre gute finanzielle Situation ließ es zu, dass sie wachsenden Einfluss auf die Gesellschaft und auch auf die Landesherren ausüben konnten.

---

[1] P. Thora: Art.: Junker in: Lexikon des Mittelalters, CD-ROM-Ausgabe, Stuttgart 2000.
[2] F. L. Carsten: Die Geschichte der preußischen Junker, Frankfurt a.M. 1988, S.10.
[3] Carsten, Geschichte der Junker, S.25f.

III. Die wirtschaftliche Basis im 18. Jahrhundert

Im 18. Jahrhundert waren riesige Werte an Grund und Boden in adliger Hand. Die Junker beherrschten den Handel, sie nutzten ihre Privilegien, um die städtischen Händler zu unterbieten. So wuchsen Wohlstand und Reichtum der Junker auf Kosten der kleineren Städte im ostelbischen Gebiet.[4] Einige adlige Familien verliehen Kapital an Städte und bisweilen sogar an den Landesherrn.

Nachdem die Leibeigenschaft in der Mitte des 18. Jahrhunderts von den Ständen aufgehoben und durch den Begriff „Erbuntertänigkeit" ersetzt worden war, was faktisch nichts an der ungünstigen Situation der Bauern geändert hatte, die von ihren Grundherren nach deren Ermessen zu Diensten herangezogen werden konnten, erkannten die adligen Gutsbesitzer am Ende des 18. Jahrhunderts, dass die neuen landwirtschaftlichen Methoden einen neuen Weg der Bewirtschaftung erforderten. Sie erkannten, dass es besser sei, die widerwillig dienenden Bauern durch Lohnarbeiter zu ersetzen.[5] Der preußische Junker wandelte sich zunehmend vom adligen Grundherrn, der von den Abgaben seiner Bauern lebte, zum agrarkapitalistischen Unternehmer.[6]

Die privilegierte Stellung des Adels wurde durch das Allgemeine Landrecht für die preußischen Staaten von 1794 gestärkt. Dieses hielt die Trennung zwischen den drei Ständen – Bauern-, Bürger- und Adelsstand – aufrecht und bestätigte die Macht des adligen Herrn auf seinem Gut. Allein der adlige Herr entschied über Wohnstätte der Bauern und selbst die ihrer Söhne. Außerdem konnte er die Bauern zu ungemessenen Diensten heranziehen.[7] Die Sonderstellung, die der Adel in der Gesellschaft einnahm, war also nicht zuletzt das Ergebnis massiver Unterstützung durch den Staat, der nicht nur wirtschaftlich zunehmend vom Adel abhängig war.

---

[4] Carsten, Geschichte der Junker, S.26.
[5] Carsten, Geschichte der Junker, S.76.
[6] H.-U. Wehler, Deutsche Gesellschaftsgeschichte, Bd.2, Von der Reformära bis zur industriellen und politischen „Deutschen Doppelrevolution" 1815-1845/49, München 1987, S.151.
[7] Carsten, Geschichte der Junker, S.57.

IV. Die politische Bedeutung des Junkertums

Schon seit dem 16. Jahrhundert hatte der preußische Adel seine wirtschaftliche Macht ausgenutzt, um die meist schwachen Landesfürsten zu politischen Konzessionen zu veranlassen.[8] Neben seiner vorherrschenden wirtschaftlichen Stellung erweiterte der Adel auch zunehmend seine politischen Machtbefugnisse. Schon im Mittelalter hatte der Adel seine politische Stellung derart verbessert, dass ihm fast alle offiziellen Ämter im Staate vorbehalten waren.[9] Obwohl er am Ende des 18. Jahrhunderts einige wichtige Privilegien verlor, behielt er seine soziale Vorrechtsstellung. Noch immer genoss der Adel „seine Steuerfreiheit, die Gerichtsbarkeit und Polizeigewalt auf seinen Gütern, das Anrecht auf die Dienste seiner Untertanen und auf die Besetzung der wichtigsten Ämter."[10] Zudem boten der rasch wachsende Beamtenapparat und die preußische Armee ihm neue, einflussreiche Betätigungsfelder. Hatte das preußische Junkertum zu Beginn seiner Geschichte wenig Interesse an Ämtern in Militär und Verwaltung, baute es diese nun zu einer weiteren seiner Domänen aus. „Sie dienten dem Staat, aber der Staat diente auch ihnen."[11] Zahlreiche wichtige politische Ämter wurden von Adligen besetzt. So wählte der Adel beispielsweise die Landräte. Die Junker hatten nicht nur die Macht auf dem Lande, sondern nun auch die Verwaltung der Landkreise in ihren Händen.[12] Da der Adel auf diese Weise eine wichtige Stütze des wachsenden preußischen Staates geworden war, stand er unter einem besonderen Schutz des Königs, dem er diente. So war beispielsweise Friedrich II. ein ausgesprochen adelsfreundlicher König, dessen erklärtes Ziel die Erhaltung des Adels war. Dieser „Bund zwischen Krone und Adel"[13] veränderte das Selbstbild des Adels, der sich fortan als Dienstadel verstand, der stolz darauf war, seinem König zu dienen.

---

[8] Carsten, Geschichte der Junker, S.30.
[9] Carsten, Geschichte der Junker, S.32.
[10] Carsten, Geschichte der Junker, S.36.
[11] Carsten, Geschichte der Junker, S.36.
[12] Carsten, Geschichte der Junker, S.39.
[13] Carsten. Geschichte der Junker, S.44.

V. Die Junker und die Preußischen Reformen

Nach der Niederlage der preußischen Armee gegen Napoleon bei Auerstedt und Jena und dem Einzug Napoleons nach Berlin drohte der preußische Staat zusammenzubrechen. „Einschneidende Reformen"[14], die der Reichsfreiherr Heinrich Friedrich Karl vom Stein durchführen sollte, sollten dies verhindern. Am 9.Oktober 1807 wurde ein von ihm ausgearbeitetes Edikt erlassen, in dessen Paragraphen unter anderem die Gutsuntertänigkeit aufgehoben, und freier Güterverkehr und freie Gewerbewahl eingeführt wurden. Damit wurde es offiziell möglich, dass Bürger adlige Güter kaufen konnten und Adlige ein bürgerliches Gewerbe betreiben konnten.[15] Der Adel behielt weiterhin die Gerichtsbarkeit, sowie die Polizeigewalt auf seinen Gütern. Da der Adel nicht auf die Dienstpflicht seiner Bauern verzichten wollte, blieb auch diese unangetastet.[16] Nach dem Erlass dieses Ediktes, protestierten die Adligen entschieden gegen seine Umsetzung. Besonders ein Eindringen Bürgerlicher in die Schicht des Adels sollte verhindert werden, wollte man sich doch vom übrigen Volk abgrenzen und eine in sich geschlossene Einheit bilden. Man versuchte auf zahlreichen Wegen, die Ausführung zu verhindern oder zumindest zu erschweren. Schließlich hatte der adlige Protest Erfolg und die Regierung erwog eine Abänderung des Ediktes. Das Zögern und die Unfähigkeit der Regierung, sich gegen den Adel durchzusetzen, hatten schwerwiegende Folgen für die Bauern. Zum einen wurden sie nicht aus der Untertänigkeit entlassen, zum anderen fiel sämtliche Unterstützung in Krankheits- oder Unglücksfällen weg. Des Weiteren wurden ihre Dienste erhöht.[17] Die Folgen dessen waren zahlreiche Aufstände der Bauern gegen die Obrigkeit. Doch nicht nur die Bauern, auch die Junker trugen dem König ihre Wünsche vor. Sie beharrten auf ihrem Recht, in wichtigen Angelegenheiten angehört zu werden.

Der Nachfolger des Freiherrn vom Stein, Staatskanzler Hardenberg wich schließlich vor dem opponierenden Junkertum zurück und arbeitete im Jahr 1816 ein Regulierungsedikt aus, das gegenüber dem Steinschen Edikt

---

[14] Carsten, Geschichte der Junker, S.80.
[15] Carsten, Geschichte der Junker, S.80.
[16] Carsten, Geschichte der Junker, S.81.
[17] Carsten, Geschichte der Junker, S.83.

wesentlich abgemildert, und so eindeutig im Sinne der adligen Interessen war.[18] Und selbst dieses abgemilderte Edikt wurde faktisch nicht umgesetzt.[19] Der scharfe Protest der adligen Opposition hatte sein Ziel erreicht.

VI. Fazit

Durch die Preußischen Reformen schaffte es die Regierung zwar, den Junkern einige Privilegien zu nehmen, jedoch wurde auch hier deutlich, dass die schwachen Landesherren von den Junkern abhängig waren und sich nicht mit aller Vehemenz gegen sie durchzusetzen vermochten. Lange Jahre hatten die Junker zunächst ihre wirtschaftliche, dann auch ihre politische Bedeutung für den Staat Preußen derart ausgeweitet, dass besonders das wachsende Militär und die Verwaltung des rasch wachsenden Staates auf sie angewiesen waren. Zahlreiche wichtige Ämter des Staates waren fest in adliger Hand, so dass der Adel zu einem nicht zu unterschätzenden Teil die Geschicke des Landes leitete. Der Typus des Junkers hatte sich über die Jahre die Fähigkeit angeeignet, seine eigenen Interessen zu wahren und durchzusetzen, und ging dabei mit einer ausgeprägten Hartnäckigkeit vor, die die Landesherren immer wieder zwang, vor der adligen Opposition zurückzuweichen und ihr Zugeständnisse zu machen. Letztlich ging das Junkertum auch aus der Zeit der Krise nach der Niederlage gegen Napoleon, als der Preußische Staat zu zerfallen drohte, nicht wesentlich geschwächt hervor.

---

[18] H.-U. Wehler, Deutsche Gesellschaftsgeschichte, S.151.
[19] Carsten, Geschichte der Junker, S.90.

VII. Literaturverzeichnis

Carsten, F. L.: Die Geschichte der preußischen Junker, Frankfurt a.M. 1988.

Thora, P.: Art.: Junker in: Lexikon des Mittelalters, CD-ROM-Ausgabe, Stuttgart 2000.

Wehler, H.-U.: Deutsche Gesellschaftsgeschichte, Bd.2, Von der Reformära bis zur industriellen und politischen „Deutschen Doppelrevolution" 1815-1845/49, München 1987.